BEI GRIN MACHT SICH IHR WISSEN BEZAHLT

Bibliografische Information der Deutschen Nationalbibliothek:

Die Deutsche Bibliothek verzeichnet diese Publikation in der Deutschen National-
bibliografie; detaillierte bibliografische Daten sind im Internet über http://dnb.d-
nb.de/ abrufbar.

Impressum:

Copyright © 2015 GRIN Verlag, Open Publishing GmbH
Druck und Bindung: Books on Demand GmbH, Norderstedt Germany
ISBN: 978-3-668-21074-5

Dieses Buch bei GRIN:

http://www.grin.com/de/e-book/321731/die-roemische-magistratur-und-promagis-
tratur-in-wie-weit-haben-sie-sich

Tanina Holmok

Die römische Magistratur und Promagistratur. In wie weit haben sie sich in der Zeit vom Zweiten Punischen Krieg bis Sulla entwickelt?

Eine verfassungsrechtliche Ausführung

GRIN Verlag

Inhaltsverzeichnis

1. Einleitung

Die römische Magistratur und später auch die Promagistratur waren neben dem Senat und der Volksversammlung einer der Grundpfeiler der römischen Republik. Sie entwickelten sich ab der Vertreibung des letzten römischen Königs Tarquinius Superbus im Jahre 509 / 508 v. Chr. bis in die Kaiserzeit stetig und waren auf Gesetzen und Prinzipien aufgebaut, die sie zumindest die meiste Zeit zu sich selbst kontrollierenden Institutionen machten.[1] Gerade in der Zeit zwischen dem Zweiten Punischen Krieg und Sulla jedoch machten diese beiden Instanzen eine sehr große Entwicklung durch. Das Volk zum Beispiel, das eigentlich eine passive Rolle in der römischen Republik einnahm, ging dazu über, seine Konsuln nicht nur zu wählen, sondern diese auch mit ihren Aufgaben im Krieg zu betrauen.[2] Zudem wählte es Männer zu Konsuln, die nicht nur *privati* waren, sondern auch den *cursus honorum* nicht oder zumindest nicht vollständig durchlaufen haben, wie es bis zur Zeit vor dem Zweiten Punischen Krieg üblich war. Das beste Beispiel hierfür sind die beiden Scipiones Africani Maior und Minor[3].

Doch wie kam es zu diesen Entwicklungen? Welche Auswirkungen hatten sie für die römische Republik? Kann man wirklich davon ausgehen, dass das römische Volk „im Vollgefühl seiner Souveränität"[4] gehandelt hat oder wurde hier wieder nur wie in so vielen Volkswahlen auch der Wille des Volkes durch den Wahlleiter und den Senat bestimmt[5]?

Diese Fragen zu klären, soll Aufgabe der vorliegenden Hausarbeit sein. Dazu wird zuerst in einem Aufriss geklärt, was die römische Magistratur und Promagistratur überhaupt waren. Der Fokus soll hierbei allein auf der ordentlichen Magistratur und der Promagistratur liegen.[6] Meine Aussagen stütze ich hier hauptsächlich auf die Forschungsliteratur von Hans Beck[7], Jochen Bleicken[8], Hans-Joachim Hölkeskamp[9] und Wolfgang Kunkel[10]

---

[1] Vgl. Bleicken, 1995, S. 103.
[2] Engel, 2005, S.
[3] Die beiden glorreichen Feldherren und Sieger im Zweiten und Dritten Punischen Krieg sollten eigentlich ein wichtiger Bestandteil dieser Hausarbeit sein. Da ihre politischen und magistratischen Laufbahnen allerdings so komplex und umfangreich sind, müsste man darüber eine eigene Hausarbeit schreiben. Deswegen wird hier nur an den geeigneten Stellen Bezug auf sie genommen.
[4] Ebd., S. 450.
[5] Bleicken, 1005, S.
[6] Die außerordentlichen Magistrate wie der Diktator, der Interrex, der Zensor und auch der Volkstribun, der später zur ordentlichen Magistratur gehörte, sind zwar nicht unwichtig, allerdings würde die Erläuterung jener Ämter den Rahmen dieser Arbeit sprengen.
[7] Beck, 2005.

In einem weiteren Schritt wird die Entwicklung der römischen Magistratur und Promagistratur in der Zeit vom Zweiten Punischen Krieg bis Sulla dargelegt. Zudem wird die Entwicklung der römischen Prinzipien ein wichtiges Thema sein. Außerdem werden die Lex Villia annalis[11] und die Rogatio Pinaria annalis[12] vorgestellt. Die wichtigsten Vertreter der modernen Forschung sind hier Hans Beck[13], Marianne Elster[14] und Wolfgang Kunkel[15]. Zudem belege ich meine Aussagen mit Quellen von Cicero und Livius.

In einem abschließenden Fazit werden die wichtigsten Aussagen noch einmal zusammengefasst um die Frage zu beantworten, welche Folgen die Entwicklungen der römischen Promagistratur und Magistratur für Rom hatten.

2. Die römische Magistratur – ein Aufriss

Die Magistratur der römischen Republik war eine ehrenamtliche Ämterlaufbahn, die sich im *cursus honorum* äußerte. Jeder *nobilis*, der in ein Amt gewählt wurde, konnte mit dem erfolgreichen Absolvieren seines Amtsjahres *honores*, *dignitas* und *auctoritas* erlangen, um seine politische Karriere voranzutreiben.[16] Um eine Laufbahn in der Magistratur beginnen zu können, musste man mindestens zehn Jahre Militärdienst abgeleistet haben und sowohl in Rhetorik als auch in Politik gebildet sein.[17] Zudem konnte man nicht einfach ein Amt beanspruchen oder belegen, sondern man musste von der Volksversammlung, die bis zum Ende der Republik dafür zuständig blieb, in sein Amt gewählt werden.[18]

Der *cursus honorum* begann mit der Quästur. Die Quästoren waren als *quaestores urbani* die Finanzbeamten der römischen Republik, da sie sowohl die zentralen Kassen (*aerarium*) als auch die Privatkassen hoher Beamter verwalteten. Deren Kollegen wurden mit einem Konsul in den Krieg geschickt und konnten unter deren Leitung militäri-

---

[8] Bleicken, 1995.
[9] Hölkeskamp 2000, S. 11 – 36.
[10] Kunkel, 1995.
[11] Liv. 40.44, 1.
[12] Cic. de or. 2.261
[13] Beck, 2005.
[14] Elster, 2003.
[15] Kunkel, 1995.
[16] Bleicken, 1995, S. 99. Vgl. Hölkeskamp, 2000, S. 21.
[17] Vgl. Beck, 2005, S. 26. Vgl. auch Kunkel, 1995, S. 57.
[18] Vgl. Bleicken, S. 126. Vgl. auch Beck, 2005, S. 41.

sche Aufgaben übernehmen.[19] Die Quästur war ein Amt ohne *imperium* und die Quästoren selbst besaßen, da sie allen anderen Magistraten untergeordnet waren, nur die *minor potestas*. Dem Einzigen, dem die Quästoren mit der *par potestas* gleichgestellt waren, waren ihre Kollegen.[20] Zudem waren die Quästoren immer einem Konsul oder einem Provinzialprätor unterstellt.[21]

Die Ädile hatten „die Aufsicht über Märkte, Handel und Wandel, Kneipen und Bordelle"[22]. Sie spalteten sich in die *aediles plebeii* und die *aediles curules* und besaßen ebenso wie die Quästoren kein *imperium*.[23] Da sie aber den Quästoren übergeordnet waren, konnten sie ihnen mittels der *maior potestas* Amtshandlungen verbieten, die sich gegen die *res publica* und die Gute Ordnung richteten. Auch bei ihnen griff, wie bei allen anderen Magistraten auch, das Prinzip der *par potestas*.[24] Die Hauptaufgaben der Ädile bezogen sich ausschließlich auf das *pomerium*, also auf die Stadt Rom selbst. Sie übernahmen polizeiliche Aufgaben, hatten die Aufsicht über die Tempel und sie konnten das Volksgericht einberufen. Außerdem mussten sie die Spiele für das Volk und für die Götter nicht nur ausrichten, sondern im Idealfall auch aus der eigenen Tasche finanzieren.[25]

Die Prätoren waren die ersten Magistrate, die das *imperium auspiciumque* innehatten. Sie besaßen also sowohl den militärischen Oberbefehl als auch die sakrale Vorherrschaft.[26] Beide zusammen bildeten die Vollgewalt und Macht, welche die Könige in Rom vor ihrer Vertreibung besaßen. Zudem hatten sie auch den ihnen unterstehenden Magistraten die *maior potestas* inne. Hauptaufgabe der Prätoren war die Ziviljurisdikation. Dabei unterschied man zwischen dem *praetor urbanus*, der für die Rechtsprechung zwischen römischen Bürgern zuständig war, und dem *praetor peregrinus*, der sich mit Streitfragen zwischen römischen Bürgern und den *peregrini*, also den Fremden, be-

---

[19] Vgl. ebd., S. 108. Zu den *quaestores classici* vgl. auch ebd.
[20] Vgl. Ebd., S. 103 und 108.
[21] Vgl. Hölkeskam, 2000, S. 21. Zu den Aufgaben der Quästoren, die einem Provinzialprätor oder einem Konsul unterstellt waren, vgl. Bleicken, 1995, S. 108.
[22] Hölkeskamp, 2000, S. 21.
[23] Die *aediles plebeii* hatten ihren Ursprung in den Ständekämpfen und wurden erst nach deren Ende in die ordentliche Magistratur aufgenommen. Die *aediles curules* hingegen galten als die vornehmen Ädile, waren also ursprünglich Patrizier. Später konnten sich Patrizier und Plebejer jährlich in diesem Amt abwechseln. Vgl. Beck, 2005, S. 34. Vgl. auch Bleicken, 1995, S. 107.
[24] Vgl. Bleicken, 1995, S. 103.
[25] Die Kosten für die Spiele holten sich die gewesenen Ädile als Promagistrate in den ihnen zugewiesenen Provinzen zurück. Vgl. Bleicken, 1995, S. 108.
[26] Vgl. Hölkeskamp, S. 21.

schäftigte.[27] Nachdem sie ihr urbanes Jahr beendet hatten, gingen sie proprätorisch in eine Provinz, wo sie sowohl das *imperium* innerhalb der *militiae*, also außerhalb der Bannmeile Roms, als auch die oberste militärische und jurisdiktionelle Gewalt ausübten.[28]

Hatte man die Prätur und Proprätur erfolgreich hinter sich gebracht, konnte man sich ins Konsulat wählen lassen. Die Konsuln waren die oberste Behörde in der römischen Republik und hatten ebenso wie die Prätoren das *imperium auspiciumque* inne. Sie leiteten nicht nur den Staat, sondern sie hatten ebenso die Aufsicht über die Kultkalender und verhandelten mit dem Senat und dem Volk. Ihre Hauptaufgabe war die Kriegsführung. Sie waren rechtlich nur durch die Prinzipien der Annuität und Kollegialität eingeschränkt.[29] Auch die Konsuln gingen nach dem Ablauf ihres Amtsjahres in eine Provinz, um diese prokonsularisch zu verwalten.

2.1 Die Promagistratur

Die Promagistratur war eine Institution der römischen Republik, die sich erst allmählich zu einem politischen Instrument entwickelte und die sich immer erst an ein Amt mit *imperium*, also an die Prätur oder das Konsulat anschloss. Sie entstand „zunächst aus rein militärischen Bedürfnissen"[30], da zwar die Amtsgewalt eines Prätors oder Konsuls nach einem Jahr erlosch, seine Aufgaben aber bis dahin oftmals nicht erledigt waren oder der Feldherr das Kommando behielt, bis sein Nachfolger eintraf. Dies erscheint gerade in Zeiten des Krieges sinnvoll, da die die Kriegsschauplätze oftmals weit entfernt von Rom lagen und die neu gewählten Konsuln meist erst spät dort eintrafen. KUNKEL legt dar, dass man teilweise sogar dazu überging, die Nachfolger der gewesenen Konsuln gar nicht mehr in diese Gebiete zu schicken, sondern dass man „das prokonsularische oder proprätorische Kommando des gewesenen Magistrats bis zur Beendigung der begonnenen Operationen oder auch bis zum Ende des neuen Amtsjahres fortbestehen ließ."[31] BLEICKEN ergänzt, dass sich sowohl der Promagistrat als auch sein Nachfolger gleichzeitig an einem Kriegsschauplatz befinden konnten, dass der Proma-

---

[27] Vgl. Bleicken, 1995, S. 106. Vgl. auch Beck, 2005, S. 35.
[28] Vgl. Bleicken, 1995, S. 106.
[29] Vgl. ebd., S. 105. Vgl. auch Hölkeskamp, 2000, S. 22.
[30] Kunkel, 1995, S. 15.
[31] Ebd., S. 16.

gistrat dem ordentlichen Magistraten dann allerdings untergeordnet war.[32] Die Entscheidung über die Prolongierung eines Magistrats lag beim Senat. Er allein bestimmte, ob und für wie lange dieser ein promagistratisches Kommando erhielt. Hatte der Promagistrat seine Aufgaben in der ihm zugewiesenen Provinz erfüllt oder erfüllte er diese nicht hinreichend, konnte sich der Senat jederzeit dazu entscheiden, ihn zurück nach Rom zu rufen. Die Provinzen, über die sie herrschen sollten, wurden den potentiellen Konsuln noch vor ihrer Wahl per Los zugeteilt.[33] Auch in der Provinz hatten die Promagistrate das *imperium* inne, allerdings erlosch dieses, sobald sie die Bannmeile des *pomeriums* überschritten.[34]

3. Die Entwicklung der römischen Magistratur und Promagistratur in der Zeit vom Zweiten Punischen Krieg bis zu Sulla

In der Zeit vom zweiten Punischen Krieg bis Sulla gab es sowohl in der Magistratur als auch in der Promagistratur einige Entwicklungen, die nicht nur die Zahl der Beamten sondern auch die verfassungsrechtliche Grundlage dieser Institutionen betrafen. Die erste Entwicklung war laut BECK die Erhöhung der ordentlichen Magistrate. Dabei ist festzuhalten, dass sich nur die Zahl der Quästoren und Prätoren erheblich veränderte, während die der Ädile und der Konsuln immer gleich blieb.[35]

3.1 Die Entwicklung der Quästur

Diese Entwicklung nahm schon in der frühen Republik ihren Lauf und resultierte aus der fortschreitenden Expansion der römischen Republik und den damit wachsenden Aufgaben für die *quaestores urbani*. So wurden die Stellen der Quästur ab 421 v. Chr. bis 267 v. Chr. von zwei auf acht erhöht. Man vermutet zwar, dass die Quästur bis 197 v. Chr. noch einmal um zwei Stellen erhöht wurde, allerdings haben wir erst wieder ab der von Sulla verabschiedeten *Lex Cornelia de XX quaestoribus* eine überlieferte Erhöhung auf zwanzig Quästoren.[36]

---

[32] Bleicken, 1995, S. 117.
[33] Elster, 2003, S. 452.
[34] Vgl. ebd., S. 359.
[35] Vgl. Beck, 2005, S. 33 – 39.
[36] Vgl. Beck, 2005, S. 35. Vgl. Linke, 2005, S. 134.

3.2 Die Entwicklung der Prätur

Auch die Stellen der Prätur, die ab ihrer Schaffung im Jahre 367 / 366 v. Chr. erst einstellig war[37] und um 244 v. Chr. ein Kollegium bildete, wurden besonders kurz vor und nach dem Zweiten Punischen Krieg erhöht. Da man dringend fähige Imperiumsträger benötigte, um vor allem die neuen Provinzen zu verwalten, wurden die Stellen der Prätur also ab 227 v. Chr. verdoppelt; im Jahre 197 v. Chr. gab es sogar sechs Stellen.[38] Das bedeutete aber auch, dass der Druck auf die Prätoren und der Konkurrenzkampf innerhalb der Magistratur erheblichen gestiegen waren. Wie oben beschrieben, blieb das Konsulat von diesen Entwicklungen unberührt; somit konnte nur ein Drittel der amtierenden Prätoren ins Konsulat gewählt werden.[39] Obwohl im Jahre 146 v. Chr. die Provinzen Macedonia und Africa hinzukamen, beließ man es erstmal bei den sechs Stellen der Prätur. Erst Sulla erhöhte diese im Jahr 81 v. Chr. um weitere zwei auf acht Stellen.[40]

3.3 Sulla

Interessant ist die Trennung der politischen und militärischen Kompetenzen durch Sulla. Diese war die Folge der absoluten Entmilitarisierung Roms, die er aufgrund seines eigenen Vorgehens in der Diktatur als nötig erachtete.[41] Somit hatten die Obermagistrate, also die Konsuln, während ihrer Amtszeit, die sie nun nur noch in Rom verbrachten, keine militärische Gewalt mehr. Dafür wurden sie allerdings stärker in die Gesetzgebung eingebunden. Das *imperium* übernahmen sie erst, wenn sie promagistratisch in eine Provinz geschickt wurden. Wie schon erwähnt, erlosch dieses aber, sobald sie das *pomerium* wieder überschritten. Auf die Promagistratur hatte der Senat nun wieder wesentlich mehr Einflussmöglichkeiten, da die Entscheidung, ob jemand als Promagistrat in eine Provinz geschickt oder von dort abberufen wurde, wieder ganz bei ihm lag.[42]

---

[37] Das Konsulat war ursprünglich einstellig besetzt, wurde aber auf drei Stellen erhöht, da die Plebejer, welche die Hauptkriegslast zu tragen hatten, es nicht hinnehmen wollten, keinen Zugang zu den höchsten Ämtern zu haben. Durch die *Leges Licinae Sextiae* wurde verfügt, dass mindestens eine der Stellen von einem Plebejer besetzt werden sollte. Vgl. Liv. 6.35, 4 – 5. Aus diesem dreistelligen Konsulat spaltete sich dann ein zweistelliges ab; die dritte Stelle wurde zu der oben beschriebenen ersten Prätorenstelle. Vgl. Bleicken, 1995, S. 100 – 101.
[38] Vgl. ebd., S. 35 – 36.
[39] Vgl. ebd., S. 38.
[40] Vgl. ebd., S. 36. Vgl. Linke, 2005, S. 134.
[41] Vgl. Linke, 2005, S. 133.
[42] Vgl. ebd., S. 133 – 134.

3.4 Die verfassungsrechtliche Entwicklung

Die zweite Entwicklungsstufe war eher verfassungsrechtlich gerichtet, da es hier um die Gesetzgebung zur Magistratur ging. Die Magistratur war seit jeher durch bestimmte Prinzipien gebunden, welche die Amtsdauer, das Sammeln von Ämtern, die Wiederwahl in ein Amt etc. betrafen.[43] Das Prinzip der Annuität besagte, dass ein Amtsinhaber nur ein Jahr in seinem Amt verweilen durfte.[44] Die Einhaltung dieses Prinzips gestaltete sich besonders im Laufe des Zweiten Punischen Krieges und besonders in Bezug auf die Promagistrate als immer schwieriger, da diese aus militärischen oder strategischen Gründen immer wieder prolongiert wurden, wie es z.b. bei Scipio Africanus Maior der Fall war. Dieser hatte zehn Jahre lang hintereinander ein Amt mit Imperium inne, davon war er neun Jahre lang Prokonsul (210 – 206 und 204 – 201 v. Chr.)[45] Aus demselben Grund wurde auch das Kontinuitätsverbot zumindest zeitweise aufgehoben. Dieses besagte, dass man dasselbe Amt nicht innerhalb von kürzester Zeit belegen durfte. Üblich war ein zweijähriges Intervall, in dem man seinen Platz im Senat einnahm.[46]

Am deutlichsten jedoch war die Entwicklung des Iterationsverbots. Dieses besagte, dass eine Wiederwahl in ein und dasselbe Amt innerhalb von zehn Jahren verboten war und geht auf die *Leges Genuciae* des Jahres 342 v. Chr. zurück.[47] Livius beschreibt hier, dass der Volkstribun L. Genucius genau dieses Verbot der Iteration gefordert hat.[48] Allerdings nennt er seine Quellen nicht, sondern erwähnt nur, dass er diese Forderung bei einigen anderen[49] gefunden hat. EBERT macht deutlich, dass die Begleitumstände dieses Plebiszits aufgrund der von Livius nur beiläufigen Erwähnung und der fehlenden Rogatorennamen nicht rekonstruiert werden können.[50] Livius nennt im gleichen Atemzug das Verbot der Kumulation: „neu duos magistratus uno anno gereret"[51]. Es war also niemandem gestattet, in einem Jahr zwei Ämter auszuüben. BECK erklärt zwar, dass im 4. und 3. Jh. v. Chr. keine Kumulationen stattgefunden haben und dass dieses Verbot wohl

---

[43] Das Prinzip der Kollegialität und das Verbietungsrecht zu erklären, würde den Rahmen dieser Arbeit sprengen, da diese sich in der Zeit des Zweiten Punischen Krieges nicht verändert haben. Nachzulesen sind sie bei Bleicken, 1995, S. 100 – 104. Ebenso verhält es sich mit dem Verbot der Kumulation. Vgl. Hölkeskamp 2000, S. 23. Vgl. Beck, 2005, S. 48.
[44] Vgl. Bleicken, 1995, S. 106. Vgl. auch Hölkeskamp, 2000, S. 22.
[45] Vgl. Beck, 2005, S. 320 und 354.
[46] Vgl. Hölkeskamp, 2000, S. 24.
[47] Vgl. Beck, 2005, S. 47.
[48] Liv. 7.42, 1 – 2.
[49] „invenio apud quosdam […] item aliis plebi scitis cautum" Ebd.
[50] Vgl. Ebert, 2003, S. 41.
[51] Liv. 7, 42. 2

einen schon bestehenden Zustand festgeschrieben habe, dass es aber noch einmal wiederholt worden sei, um eventuelle Kumulationsversuche von patrizischer Seite her zu unterbinden.[52] Im Jahre 217 v. Chr. wurden das Iterations- und das Kontinuitätsverbot für eine bestimmte Zeit aufgehoben. Die Gründe dafür waren, dass das Volk „ex auctoritate patrum et plebem"[53] das Recht hatte, ihre Konsuln in Kriegszeiten so oft wiederzuwählen, wie es das für richtig hielt und dass auch der Senat lieber kampferprobte und erfahrene Kriegsherren im Feld sehen wollte.[54] Das bedeutet, dass man während des gesamten Zweiten Punischen Krieges immer auf der Suche nach geeigneten Imperiumsträgern war.[55] Diese fand man anscheinend hauptsächlich in gewesenen Konsuln, die sich schon im Feld bewähren konnten. Spätestens im Jahre 151 v. Chr. wurde diese Aufhebung des Iterations- und Kontinuitätsverbots allerdings wieder zurückgezogen. Hier findet man die *Lex de consulato non iterando*[56], die noch einmal wiederholt, dass niemand innerhalb von zehn Jahren in das gleiche Amt gewählt werden durfte. Einzige Ausnahme war hier wohl Scipio Africanus Minor, der im Jahre 134 v. Chr. zum zweiten Mal ins Konsulat gewählt wurde. Die Bemühungen, ihn aus diesem Iterationsverbot herauszuhalten, mögen vielleicht gut gemeint und vorausschauend gedacht gewesen sein, allerdings war es vergebene Mühe, da Scipios erstes Konsulat (147. v. Chr.) schon dreizehn Jahre zurücklag; somit hat er überhaupt nicht gegen das Iterationsverbot verstoßen.[57]

3.5 Die Entwicklung der Promagistratur

Auch die Promagistratur entwickelte sich im Laufe des Zweiten Punischen Krieges. War es vor dieser Zeit noch so, dass die Promagistrate nach Erledigung ihrer Aufgaben vom Senat nach Rom zurückgerufen wurden, war es nun so, dass sie sogar über mehrere Jahre in den Provinzen verweilten und ihre Prorogation sogar steuern konnten, wie es Scipio Africanus Maior in seinem zweiten Prokonsulat getan hat.[58] Zu den jurisdiktionellen und militärischen Aufgaben des Promagistrats kamen nun der Schutz der römischen Bürger in den Provinzen und das Überwachen der Herrschaftsbereiche hinzu.[59]

---

[52] Vgl. Beck, 2005, S. 48.
[53] Liv. 27.6, 7.
[54] Vgl. Liv. 27.6, 7 – 11.
[55] Vgl. Beck, 2005, S. 136.
[56] Liv. per. 56.
[57] Vgl. Ebert, 2003, S. 451.
[58] Vgl. Kunkel, 1995, S. 16 – 17. Vgl. Beck, S. 347 – 352.
[59] Vgl. Kunkel, 1995, S. 17.

Auch wenn diese nur rein administrative Aufgaben waren, gehörten sie dennoch in den Raum der *militiae*, blieben also militärische Aufgaben der Promagistrate. Da man es nicht schaffte, innerhalb des Zweiten Punischen Krieges neue Prätorenstellen zu schaffen, und weil man es als „unzweckmäßig oder gar gefährlich"[60] erachtete, jedes Jahr einen neuen Promagistraten in die vom Krieg belasteten und weit entlegenen Provinzen zu schicken, wurde die Promagistratur, die ursprünglich aus einer Notsituation erwuchs, schnell zu „einer ständigen Erscheinung des römischen Verfassungslebens"[61]. Eine Neuerung war, dass die Promagistratur auch an *privati* vergeben wurde, wie es z.B. bei den Scipiones Africani der Fall war.[62] Dieses Vorgehen war äußerst unüblich, wurde aber aufgrund fehlender fähiger Imperiumsträger aus der Not heraus geboren. So bekam Scipio Africanus Maior im Jahre 210 v. Chr. nach dem Tod seines Vaters und seines Onkels (211 v. Chr.) ein proconsularisches Imperium übertragen, obwohl dieser noch nicht einmal die Prätur bekleidet hatte; Scipio Africanus Minor wurde im Jahre 147 v. Chr. ins Konsulat gewählt, als er sich gerade für die Ädilität bewerben wollte. Beide Entscheidungen gingen vom Volk aus.[63] Die Ernennung von Privatpersonen endete bis auf die Ausnahme von Scipio Africanus Minor schon im Jahre 197 v. Chr.[64]

4. Die Rogatio Pinaria annalis und die Lex Villia annalis

In der Zeit des Zweiten Punischen Krieges bis zu Sulla gab es mehrere Versuche, den *cursus honorum* durch *Leges annales* in eine rechtlich bindende Form zu bringen. Der Grund dafür war wohl, dass für einige Magistrate das Iterationsverbot aufgehoben wurde und dass Einigen, wie z.B. den Scipiones Africani, Ämter mit *imperium* übertragen wurden, obwohl sie vorher noch nicht den *cursus honorum* durchlaufen haben. Von diesen *Leges annales* hat es mehrere gegeben und sie sollten dazu dienen, Intervallvorschriften oder Altersgrenzen für die Magistratur festzusetzen.[65] Die uns erste namentlich bekannte *Lex annalis* ist die *Rogtio Pinaria annalis*.[66] Sie stammt aus dem Jahre 180 v. Chr. KUNKEL geht davon aus, dass Pinarius Rusca, der im Jahre 181 v. Chr. zum Prätor

---

[60] Ebd.
[61] Ebd.
[62] Vgl. Elvers, DNP 3, 1997, Sp. 178, s.v. C. Scipio Aemilianus Africanus (Numantinus), P. Vgl. ders., Sp. 182, s.v. C. Scipio Africanus, P.
[63] Vgl. ebd.
[64] Vgl. Kunkel, 1995, S. 21.
[65] Vgl. Elster, 2003, S. 343.
[66] Cic. de or. 2.261.

gewählt wurde, diese Rogatio noch in seiner Zeit als Volkstribun gestellt hat.[67] Pinarius fordert hier ein „legem ferret annalem"[68], also ein „Gesetz über das Mindestalter bei Amtsbewerbungen"[69]. ELSTER und KUNKEL betonen aber, dass die Rogatio eher eine Intervallvorschrift als eine Altersgrenze darstellen soll.[70] Zudem besteht das Problem, dass die Rogatio, so, wie sie beschrieben ist, zeitlich sehr nahe an der *Lex Villia annalis* liegt. Livius überliefert aber, dass die *Lex Villia annalis* die erste gesetzliche Vorschrift zu den Altersgrenzen war.[71] Hier werden verschiedene Lösungsangebote vorgeschlagen: Zum einen ist nicht klar, ob die *Rogatio Pinaria annalis* überhaupt Bestand vor dem Senat hatte und durchgebracht wurde. Zum anderen könnte die Rogatio von einem anderen Pinarius stammen und somit zeitlich nach der *Lex Villia annalis* gestellt worden sein. Der letzte Lösungsvorschlag ist wie gesagt die Annahme, dass sie eher eine Intervallvorschrift als eine Altersregelung darstellen sollte.[72]

Die *Lex Villia annalis*, die im Jahre 180 v. Chr. vom Volkstribun L. Villius im Einvernehmen mit dem Senat verabschiedet wurde, war eine Regelung zu den Altersgrenzen für den *cursus honorum*.[73] In der früheren Forschung ging man vielfach davon aus, dass die *Lex Villia annalis* zusätzliche Regelungen zur Ämterbewerbung und zu amtsfreien Intervallen enthielt. Da Livius der Einzige ist, der dieses Gesetz überliefert und da er außer der Altersregelung keine weiteren Details nennt, kann man die oben genannten Vermutungen nicht vollständig ausschließen.[74] Allerdings ist sicher, dass die *Lex Villia annalis* besonders nach den Sonderregelungen des Zweiten Punischen Krieges, bei denen selbst *privati* Imperien übertragen bekommen haben, ohne jemals ein prätorisches Amt bekleidet zu haben, „eine Verregelung des *cursus honorum* und damit eine Regulierung des Wettbewerbs um die *honores* erzielt"[75] hat. Sie machte also den Aufstieg der Magistrate sowohl für die Aristokratie als auch für das Volk transparent und überprüfbar. Die Altersgrenzen waren wie folgt: Mit 27 Jahren konnte man nach einem zehnjährigen Militärdienst die Quästur bekleiden. BECK merkt allerdings an, dass es keine Vorschrift für dieses zehnjährige Intervall gab und dass Abweichungen durchaus möglich waren. Zudem legt er auch dar, dass es keinen Beleg für die Quästur als Einstiegskrite-

---

[67] Vgl. Liv. 40.18, 2. Vgl. Kunkel, 1995, S. 45.
[68] Cic. de or. 2.261.
[69] Ebd.
[70] Vgl. Elster, 2003, S. 343. Vgl Kunkel, 1995, S. 45.
[71] Vgl. Liv. 40, 44. 1.
[72] Vgl. Elster, 2003, S. 343. Vgl. Kunkel, 1995, S. 45.
[73] Liv. 40.44, 1. Vgl. Schmitt, DNP 12/2, 2002, Sp. 223.
[74] Vgl. Elster, 2003, S. 345. Vgl. Beck, 2005, S. 57.
[75] Beck, 2005, S. 59.

rium für die Magistratur gibt, da es in den Jahren zwischen 180 und 166 v. Chr. nur zwei bekannte Quästoren gegeben haben soll.[76] Abhängig davon, ob man das Amt der Ädilität belegt hatte, konnte man dann mit 30 bzw. 33 Jahren in die Prätur und mit 33 bzw. 36 Jahren ins Konsulat gewählt werden.[77]

Cicero kritisiert die *Leges annales*. Er sagt, dass durch die hohen Altersgrenzen viele römische Bürger nicht die Chance hatten, sich zu beweisen, obwohl sie nützlich für den Staat hätten sein können. Und das nur, weil man Angst vor dem jugendlichen Leichtsinn gehabt habe, obwohl der bei vielen jungen Männern nicht zu finden gewesen sei. Zudem bemerkt er, dass sich auch in früherer Zeit viele gute Männer auch schon in sehr jungen Jahren um die *res publica* verdient gemacht und so ihr Fortbestehen und ihr Ansehen gesichert haben, so z.B. der junge Scipio Africanus Maior.[78]

5. Fazit

Ziel dieser Hausarbeit war es, die Entwicklung der römischen Magistratur und Promagistratur in der Zeit vom Zweiten Punischen Krieg bis Sulla darzustellen. Der Fokus lag zum einen auf der Erhöhung der Quästur und der Prätur. Dabei ist festzuhalten, dass die Prätur von ursprünglich einer Stelle zuerst verdoppelt und dann verdreifacht wurde, bis Sulla sie schließlich im Jahre 82 v. Chr. auf acht Stellen erhöhte. Die Stellen der Quästur wurden noch vor dem Zweiten Punischen Krieg vervierfacht, bis Sulla sie schließlich auf zwanzig erhöhte.[79]

Zum anderen lag der Fokus auf der verfassungsrechtlichen Ebene. Wie oben eingehend dargelegt, wurden die Prinzipien der Magistratur im Zweiten Punischen Krieg teilweise außer Kraft gesetzt, um geeignete Feldherren für diesen Krieg einsetzen zu können. Dabei beließ man es nicht nur bei Feldherren, die schon Konsuln in ihrer Familie aufweisen konnten, sondern das Volk wählte zudem *privati* und übergab ihnen Kommandos mit *imperium*, damit diese die *res publica* vor den Karthagern verteidigen konnten. Erfolgreiche Kriegsherren waren hier die Scipiones Africani, die aber in dieser Hausarbeit nicht eingehend bearbeitet werden konnten. Ihre Magistraturen waren so komplex und umfangreich, dass es lohnenswert wäre, eine eigene Hausarbeit über diese beiden zu

---

[76] Vgl. ebd., S. 57, bes. Anmerkung 27.
[77] Vgl. ebd., S. 57.
[78] Vgl. Cic. Phil. 5, 47 – 48.
[79] Vgl. Beck, 2005, S. 35 – 40. Vgl. auch Linke, 2005, S. 134.

schreiben. Besonders interessant war die Entwicklung des Iterationsverbots. Dieses wurde für die eben genannten Scipiones außer Kraft gesetzt, damit sie mehrfach in ihren promagistratischen Imperien prorogiert werden konnten. Dass eine Iteration der Konsulate beider stattfand, kann man allerdings nicht behaupten. Scipio Africanus Maior war in den Jahren 205 und 194 v. Chr. Konsul; Scipio Africanus Minor bekleidete das gleiche Amt in den Jahren 147 und 133 v. Chr.[80]

Auch die Schaffung einer Altersgrenze durch die Lex Villia annalis ist eine Entwicklung der römischen Magistratur. Vor und auch während des Zweiten Punischen Krieges gab es derlei Regeln nicht. Man war sich zwar darüber einig, dass man vor der Magistratur ein zehnjähriger Militärdienst ableisten und zwischen den einzelnen Magistraturen für mindestens zwei Jahre seinen Platz im Senat einnehmen sollte, aber dies waren eher Normen als Regelungen und wurden nicht immer eingehalten.[81] Die Lex Villia annalis hingegen war rechtlich bindend.

Auch das Volk hat im Hinblick auf seine Entscheidungsgewalt eine starke Entwicklung durchgemacht. War es vor der Zeit des zweiten Punischen Krieges nur dazu da, zu agieren, ohne eine eigene Initiative entwickeln zu können, hatte es im Zweiten Punischen Krieg nicht nur die Möglichkeit, seine Kriegsherren selbst zu wählen, sondern es konnte sie auch mit deren Aufgaben betrauen. Diese Entwicklung sieht man ganz eindeutig an der Wahl des Scipio Africanus Minor zum Konsul im Jahre 147 v. Chr. Er wollte sich ursprünglich zum Ädil wählen lassen, allerdings setzte das Volk per Plebiszit durch, dass er direkt als Konsul in den Spanischen Krieg geschickt wurde.[82] Interessant ist auch, dass der Senat sich nicht gegen diesen Volksentscheid stellte, sondern dass hier eher ein Konsens zwischen beiden bestand.[83]

Die Folgen dieser Entwicklungen für die römische Republik waren zum einen, dass die Magistratur und Promagistratur eine Verrechtlichung erfahren haben.[84] Zudem wurden sie sowohl für die Aristokratie als auch für das Volk transparenter und nachvollziehbarer. Zu guter Letzt kann man sagen, dass die Flexibilität der verfassungsrechtlichen Lage im Zweiten Punischen Krieg wahrscheinlich den Fortbestand der römischen Republik gesichert hat, da man sich durch die Prolongierung auf erfolgreiche und erfahrene

---

[80] Elvers, DNP 3, 1997, Sp. 178 – 183.
[81] Vgl. Beck, 2005, S. 26 und 59. Vgl. auch Kunkel, 1995, S. 57.
[82] Vgl. Bleicken, 1995, S. 125. Vgl. Elster, 2003, S. 450.
[83] Vgl. Beck, 2005, S. 339 – 340.
[84] Beck, 2005, S. 59.

Feldherren, wie z.b. den Scipio Africanus Minor, stützen konnte, der ja erwiesenermaßen einen der gefährlichsten Feinde der Republik besiegt hat.[85]

Sollte ich die Ausarbeitung dieser Hausarbeit subjektiv bewerten, müsste ich sagen, dass man zu diesem Thema mindestens vier Hausarbeiten, wenn nicht sogar ein ganzes Buch schreiben könnte. Sich im Umfang einer einzigen Seminararbeit so kompakt zu halten und dennoch die wichtigsten Aspekte herauszuarbeiten, ist meiner Meinung nach fast nicht möglich, da man ständig neue Ansätze oder Zusammenhänge entdeckt. Diese könnte man vielleicht sogar in einer Bachelor-Arbeit darlegen.

---

[85] Vgl. Kunke, 1995, S. 16.

6. Quellen- und Literaturverzeichnis

A Quellen / Übersetzungen

Marcus Tullius Cicero, De Oratore – Über den Redner, Lateinisch – deutsch, herausgegeben und übersetzt von Theodor Nüßlein (Sammlung Tusculum), Düsseldorf 2007.

Marcus Tullius Cicero, Die Philippinischen Reden, Lateinisch – deutsch, übersetzt von Manfred Fuhrmann, herausgegeben, überarbeitet und eingeleitet von Rainer Nickel (Sammlung Tusculum), Berlin 2013.

Titus Livius, Römische Geschichte, Buch VII – X, Lateinisch und deutsch herausgegeben von Jürgen Hillen (Sammlung Tusculum), Düsseldorf ³2008.

Titus Livius, Römische Geschichte, Buch XXVII – XXX, Lateinisch und deutsch herausgegeben von Jürgen Hillen (Sammlung Tusculum), Düsseldorf / München / Zürich 1997.

Titus Livius, Römische Geschichte, Buch XXXIX – XLI, Lateinisch und deutsch herausgegeben von Jürgen Hillen (Sammlung Tusculum), München / Zürich ³2007.

Titus Livi, Ab urbe condita librorum CXLII *periochae*: Julii Obsequentis ab anno urbis conditae DV prodigiorum liber, recensuit et emendavit Otto Jahn, Lipsia, 1853.

B Forschungsliteratur

Hans Beck, Karriere und Hierarchie. Die römische Aristokratie und die Anfänge des *cursus honorum* in der mittleren Republik (Klio Beihefte 10), Berlin 2005.

Jochen Bleicken, Die Verfassung der römischen Republik. Grundlagen und Entwicklung, Paderborn [u.a.] ⁷1995.

Marianne Elster, Die Gesetze der mittleren römischen Republik. Text und Kommentar. Darmstadt 2003.

Karl-Ludwig Elvers, DNP 3, 1997, Sp. 178 – 183, s.v. C. Scipio Aemilianus Africanus (Numantimus), P.

Karl-Ludwig Elvers, DNP 3, 1997, Sp. 182 – 183, s.v. C. Scipio Africanus, P.

Hans-Joachim Hölkeskamp, <<Senat und Volk von Rom>> - Kurzbiographie einer Republik, in: K.-J. Hölkeskamp, E. Stein-Hölkeskamp (Hgg.), Von Romulus zu Augustus. Große Gestalten der römischen Republik, München 2000, S. 11 – 36.

Wolfgang Kunkel, Roland Wittmann, Staatsordnung und Staatspraxis der römischen Republik. Zweiter Abschnitt. Die Magistratur, München 1995.

Bernhard Linke, Die römische Republik von den Gracchen bis Sulla, Darmstadt 2005.

Tassilo Schmitt, DNP 12/2, 2002, Sp. 223, s.v. Villius [2] V. Annalis, L.

Lightning Source UK Ltd.
Milton Keynes UK
UKHW040857241218
334506UK00001B/201/P